SUIZID II

Einige mehr oder weniger erotische

Gedichte und Balladen

von Patillas Bernard

Şchmÿth

Bestellkontakt: filosof@gmx.net

Kontakt zum Autoren:

UweSchmidtAutor@alice.de

Funk.: 0177-649 35 57

Fone: 040 – 432 66 188

Fax.: 040 – 432 66 189

EDITION

SCHMÿTH

Band

MIX
Papier aus verantwortungsvollen Quellen
Paper from responsible sources
FSC® C105338

SUIZID II

von
Patïllas Bernard Şchmÿth

Herstellung und Verlag:
BoD - Books on Demand, Norderstedt
ISBN 978-3-7347-9271-7

Ein Geschenk an meine Treuen Leser

Wer den rückseitigen Gutschein ausgefüllt an mich sendet, erhält umgehend und absolut gratis das neue **Hörbuch** „Suizid II", oder auf Wunsch alternativ eine limitierte Druckgrafik, persönlich signiert, zugesandt.

GUTSCHEIN

O   Ich möchte das Hörbuch

O   Ich möchte die Grafik

Meine Anschrift ist:

_____

Meine Telefonnummer:

_____

Meine e-Mail Adresse:

_____

Ich möchte kostenlos über Neuerscheinungen informiert werden.

Unterschrift: _____

Diesen Gutschein senden an:

Uwe Schmidt,

Postfach 71 01 29,

22161 Hamburg

Lyrik

von

Patïllas Bernard
Şchmÿth

alias
Uwe Schmidt

**Mit einer völlig zusammenhanglos
eingestreuten Ansammlung
herrlicher Zeichnungen
des Malers**

Uwe Schmidt

alias

W.–T. Peacepath

alias

Diddi Darlow

Vorwort

Auch diese Gedichte habe ich allesamt Mädchen und Frauen gewidmet, die in meinem Leben eine Rolle gespielt haben, die meisten eine derartige Rolle, dass sie mich in die höchsten Höhen der Lust aber auch an den Rand aller nur denkbaren Abgründe gebracht haben. Durch mein nachfolgendes Leiden und die entsprechenden Bemerkungen im Freundeskreis habe ich mir den Ruf eines Frauenhassers eingebracht.

Das stimmt aber nicht, denn ich liebe Frauen, ich habe nur gelernt, das Frauen anders lieben. Ihre Liebe ist wunderschön, und sie erscheint uns in den schillerndsten Farben, wie Seifenblasen oder ein Regenbogen. So wunderschön aber auch so vergänglich ist die Liebe der meisten Frauen.

Früher war ich sehr erbost, wenn man mir sagte, ich sei selbst Schuld, wenn ich mit Frauen immer wieder Schiffbruch erleide, heute habe ich die Erkenntnis, es stimmt.

Auf Seifenblasen kann man keine Zukunft bauen und von einem Regenbogen keine Dauerhaftigkeit erwarten. Nimmt man Frauen aber in ihrer Schönheit, Grazie,

Eleganz und Erotik, so wie sie sind, kann man sich an ihnen erfreuen, bis zu nächsten Metamorphose.

Die Höhen und Tiefen bei diesem Prozess des Lernens kann der geneigte Leser aus diesen Gedichten nachvollziehen.

Dabei waren alle Beziehungen von Liebe geleitet, nie von Hass, manchmal aber von Verzweiflung.
Frauen haben sehr viel von Lilien, wunderschön, in der Liebe von kurzer Dauer und hochgiftig. Aber dieses Gift gleicht einer Droge, von der ich nicht lassen konnte, die mich von Hochgefühl zu Hochgefühl trieb, bis es mich endgültig zerstört hatte.

Hamburg, den 01.05.2015
Uwe Schmidt

INHALT:

Gegenüber	15
Schmerz der Zerrissenheit	17
Mein letztes Gedicht an dich	21
Kunst bleibt frei	23
Leben	27
Lebensabend	29
Mein nie geborenes Kind	31
Meine Ex	33
Monitor oder Sommerabend	35
Ostern	37
Schatten	41
Schöner Morgen	43
Sein und Haben	45
Strukturveränderung	47
Verbrechen	49
Verlust	51
Von der Hoffnung	53
Von den Tropfen und ihren kleinen Wellen	55
Was willst du mehr?	59

Zellenweihnacht	63
Heldenhaftigkeit	65
Heisse Nacht	67
Hinter den Mauern	69
Hoffnung	71
Hunger	75
Ich trage dich	79
Innerer Frieden	81

Gegenüber

Es blinkt - und blinkt,
der Turm
und blinkt - und blitzt,
als ob er mir was sagen wolle,
der Fernsehturm, der Lange, Olle,
mit seinen roten Augen,
schaut er mich fordernd an.

Was will er nur von mir?
„Komm raus da!",
höre ich ihn wispern,
„Komm her zu mir, hier ist das Leben!"
„Ich weiss. aber ich kann nicht!"
„Warum? Lass deinen Körper im Kasten,
und komm zu mir."

„Schön ist es hier oben, bei dir!"
„Ich weiss, es ist die Freiheit.
Deinen Körper kann man einsperren,
aber dein Geist bleibt frei,
und er kann gehen wohin er will!"

Ich sass lange auf seinem Hut.
und der Fernsehturm rekelte sich unter mir,
genoss die Lichter und
die nächtliche Stadt.
Ich sah den Autos zu,
wie sie wie Perlen an Schnüren
dahin kullerten.

„Kommst du morgen wieder,"
raunte der Turm?
„Die Freiheit ist alleine öd,
und irgendwie
bin ja auch ich gefangen,
in meinem Fundament."

„Na klar."

Jetzt liege ich auf meiner Pritsche.
Er blinkt-und blinkt,
und blitzt mir schelmisch zu,
der Turm, der lange, ohne Ruh'mit seinen
freundlichen, roten Augen.

Hamburg
10.01.2005

Zwiegespräch mit des
Hamburger Fernsehturms
mit einem Insassen einer Zelle im
Untersuchungsgefängnis,
der zu unrecht inhaftiert war.

Schmerz der Zerrissenheit

Der Fragen hast Du viel
in Deinem Schmerz gestellt
und einfacher ist´s gar
wenn sich der Schmerz zu Schmerz gesellt.

Ich kann mit Dir empfinden,
ich kenn´ die selbe Pein,
zusammen wär´n wir stärker
mehr Kraft, mehr Mut, nicht so allein.

Du magst doch auch Gedichte,
Romantik und Beisammensein,
spürst gerne Körpernähe,
und Kerzenlicht und Kuss und Wein.

Wir lieben der Körper brennen
und Hände die ganz zart,
und heisse Küsse, zarte Bisse,
und Spass mit voller Fahrt.

Du liebst das Diskutieren
liebst Bilder, schöne Kunst,
auch hast Du Lebensträume
stehst hoch in meiner Gunst.

Ich weiss nicht wie es weitergeht
ich weiss nur ich bin Dein,
und was auch noch geschehen wird
auch Du wirst mein Weib sein.

Ich liebe Dich, und dass weist Du
ich wart´ voll (Un-) Geduld

doch wenn Du wirklich liebst,
dann zeig und sag mir Deine Huld.

Dann bitt´ ich Dich komm´schreib mir
ein paar Zeilen gleich,
damit ich Dich erfahre,
zu zweit, da sind wir beide reich!

Mein letztes Gedicht an dich

Warum stellst du Fragen
und willst die Antworten nicht hören?

Warum antwortest du auf Fragen, die nie
gestellt wurden?

Warum liest du zwischen den Zeilen, aber
nicht die Zeilen selbst?

Mag es daran liegen,
dass du deine Träume
nicht wirklich aussprichst,
aus Angst,
man könnte sie dir erfüllen?

Oder aus Angst,
man könnte dein SEIN
daran messen?

Ich habe dich einmal geliebt,
wie mein Weib,
und wollte deine Träume erfüllen.

Bis ich merkte,
du hast gar keine Träume,
und wenn sind sie so geheim,
dass du sie dir selbst,
niemals zugibst

Du kannst nicht damit umgehen,
wenn du geliebt wirst.

Weil du dich kennst,
kannst du nicht glauben,
dass man dich liebt.

Du vermutest nur Böses,
wenn man dir die Hand reicht,
und stampfst mit den Füssen auf
wie ein bockiges Kind.

Wir wollten als Freunde
auseinandergehen,
aber du bist mir kein Freund
in dieser schweren Stunde.
Warum versuchst du dich
als Racheengel?

Du kannst mir nicht mehr weh tun,
denn unendlichen Schmerz
kann man nicht steigern.

Und nun ist meine Liebe zu dir
Erloschen wie die Sonne,
die am Abend im Meer versinkt.

Du tust mir nur noch leid,
mit deinen hastigen Versuchen,
deine Lebenslügen zu vertuschen.
mit einem Intrigenmantel,
der so viele Löcher hat.

Deine Angriffe können nicht treffen,
da ich die Wahrheit kenne,
trifft auch die Verleumdung nicht.

Nur dich selbst.

Und lass nicht, unsere Kinder leiden,
für deine Unfähigkeit,
das Leben zu lieben.

Jeder Tag an dem die Sonne
noch aufgeht ist ein Geschenk,
für das wir danken sollten.

Geniesse den Sonnenuntergang
des Lebens -
Geniesse das Leben ständig,
denn du bist länger tot,
als lebendig.

Heute hat in den Türmen des World
Trade Centers die Weissagung des
Nostradamus begonnen.

Ich hoffe, du wirst dich noch lieben
lernen, damit du deinen inneren
Frieden findest.

Nieden, 11.09.2001
Abschiedsgedicht an Marion Hein,
nachdem ich mich geweigert hatte
ihr zu helfen, ihren Mann ins Jenseits
zu befördern

Kunst bleibt frei

Gerechtigkeit, dein Wort ist Spiegel,
ist uns Wunsch, zeigt wer wir sind,
und es brennt wie in dem Tiegel,
nur das Wahre, Klare rinnt

Mit der Schärfe einer Waffe,
tief bis in das Mark es dringt,
das Gerechtigkeit es schaffe,
Böses zum Bewusstsein bringt.

Wie ein Hammer Fels zertrümmert,
bricht es Menschen, in ihr' m SEIN,
doch der Seele, die verkümmert
kann's kein milder Balsam sein.

Schlinge legt sich um unsern Fusse,
kommt die Wahrheit nicht ans Licht,
unschuldig verlangt man Busse,
Gnade kündet kein Gericht.

Gerechtigkeit, so spricht der Richter,
kann er nicht, er spricht nur Recht,
doch ist er kein weiser Schlichter,
dann ist's Unrecht, dann ist's schlecht.

Keiner kann dem Wort entgehen,
seinem Urteil jäh entflieh' n
deshalb lasst Recht stille steh' n,
Gerechtigkeit die Lehren zieh'n.

Kein Gefängnis öffnet Herzen
Die viel härter sind als Stein,
keine Einsicht kommt durch Schmerzen,
tief im Loch, und ganz allein.

Warum schlagen, quälen, morden,
Menschen ihre Brüder, Schwestern?
Weil sie ausgeschlossen worden,
heute, morgen, auch schon gestern.

Ja, es reicht zum überleben,
Kinder, Dasein, schlecht und recht,
und die Kirche gibt den Segen,
hält stabil - das Knecht bleibt Knecht.

Gerechtigkeit nur für Fantasten? Ja!
Arme Menschen beugt das Recht,
es sorgt für ungerechte Lasten,
wenn ihr auch von Gleichheit sprecht!

Ihr wollt bessern, ihr wollt heilen?
Ihr steht selbst im Nattern-Sumpf.
Welt zerstören, alles teilen,
selbst den Kopf noch von dem Rumpf.

Wie kann denn ein Baum gehören,
ein Stück Land, ein Mensch, ein Kind,
einem andren zum Begehren?
Kann gehören Wasser? Wind?

Moral soll Ungleichheit erklären,
Strafen machen Rufer stumm,
soll Gerechtigkeit verwehren,
Verbote machen Menschen dumm.

Unter Zwang kann Kunst gebären,
eine Freiheit, die des SEIN.
Kunst kann stille Schreie hören,
Kunst schreit, du bist nicht allein.

Auch wenn ihr mich kettet, knebelt,
Kunst macht frei von diesem Joch,
wenn ihr mit Unrecht biegt und hebelt,
meine Kunst befreit sich doch.

Keine Mauer, Draht und Zelle,
genügt als gnadenloses Siegel,
wer nicht kämpft, der fährt zur Hölle,
Gerechtigkeit, dein Wort ist Spiegel!

Hamburg, 19.02.2006

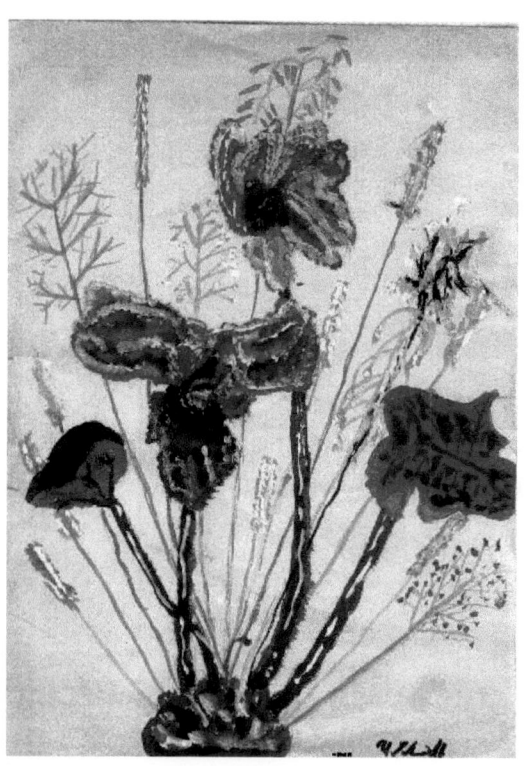

Leben !!!

Sklaven treibt man nicht mehr mit der
Peitsche, sondern mit dem Terminplaner.

Lasst euch nicht verführen,
es gibt keine Widerkehr.
Der Tod steht vor den Türen,
ihr könnt den Nachtwind spüren,
es kommt kein Morgen mehr.

Lasst euch nicht betrügen,
das Leben kurz nur ist,
schlürft es in vollen Zügen,
es kann euch nicht genügen,
wenn Ihr es lassen müsst.

Wartet nicht zu lange,
die kurze Zeit zu kosten,
seid vor dem Tod nicht bange,
Küsst Wange heiss an Wange,
genießt den geilen Pfosten.

Die Freiheit jauchzt Genuss,
die Zeit allein sei dein,
mach niemals dir Verdruss,
geniesse jeden feuchten Kuss,
vergiss das traurig sein.

Ihr solltet nichts bereuen,
als Sünden die ihr nicht begannen,
nur noch am Leben freuen,
und keine Lieder scheuen,
bis der Tod euch aufgehangen.

Drum greift ins volle Leben,
geniesst den Gaumenkitzel,
lasst uns die goldenen Becher heben,
reisen, locken, alles geben,
der Sensemann hat keine Spitzel.

Lasst euch nicht vertrösten,
ihr habt nicht zu viel Zeit,
lasst Moder den Verwesten,
das Leben ist am grössten,
steht nicht mehr lang bereit.

Lasst euch nicht verführen,
zu Fron und Ausgezehr,
was kann euch Angst noch rühren,
ihr sterbt mit allen Tieren,
alt, krank oder durchs Gewehr.

Lebensabend

(Gedanken am Deich)

Wenn des Lebens Zeit sich neigt,
Zipperlein den Rücken beugt,
die Erinnerungen kommen,
all die wilden, all die frommen,
wenn Bilanz man für sich zieht,
Soll und Haben sich besieht,
still beschaut im Spiegel sich
- was bleibt übrig unterm Strich?

Ach, was soll' s, ich hab gelebt,
hab' nach höherem gestrebt,
aus den Augen fast verloren,
was das Leben mir erkoren,
grad' beizeiten noch erkannt,
das gebaut hat' nur auf Sand,
wer in Träumen sich verliert,
und die Wirklichkeit nicht spürt.

Wenn ein frohes Lied du singst,
du den Menschen Freude bringst,
heiter trägst des Tages Last,
bist du gern' gesehener Gast.

Wenn du Liebe hast gegeben,
du von Liebe bist umgeben,
wenn Erfüllung du gefunden,
dann geniesse froh die Stunden,

die das Leben dir noch gönnt,
eh die Zeit von hinnen rennt.

Neuwerk
14.09 1997

Mein nie geborenes Kind

Ich sah es
es kauerte in seiner Raumkapsel
die Augenlider geschlossen
die Gedanken in den Urfängen der Zeit,

Sah es
mit gekrümmten Beinen
die Knie vor dem Kinn
wie es sich vorbereitet
nur Monate entfernt

Musste zusehen
musste mitfühlen
wie das Raumschiff den Kurs wechselte
ohnmächtig
machtlos
bereit zum gnadenlosen Überleben
es winkte mit einer Hand
die andere in seinem Mund
lutschte Daumen.

Ich sah
wie es sich vorbereitete
auf seinen letzten Weg zu den Sternen
nicht zu mir
es wählte die kürzeste aller Flugrouten
über die Erde.

Du wähltest,
denn Mutterliebe ist stärker
was wissen Väter schon
wenn es um neues Leben geht,
mein Bauch gehört mir.

Es zeigt noch einmal sein Gesicht
seine Finger, seine Hände,
die Finger zu Fäusten geballt,
keine Chance
es verschwindet im Saugrohr
werde ich es je wiedersehen

vielleicht
... am anderen Ende
... der Zeit

Meine Ex

Man fragt mich:
„Warum ist es schon wieder Schluss
mit deiner neuen Freundin?"

„Nun, sie ist mit meiner Ex-Frau
nicht zu vergleichen!"

„Aber deine Freundin
war hübscher als deine Ex,
und freundlicher,
und zugänglicher,
gepflegter und intelligenter!

„Das stimmt"

„Ist es der Sex?"

„Nein, im Bett war meine Freundin
sicher besser!"

„Und warum hast Du Dich dann
von Deiner Freundin getrennt?"

„Ich liebe meine Ex-Frau mehr!"

Monitor oder Sommerabend

Sommerabend, lau, zu schön,
um in das tote Auge,
meiner fünfzehn Zoll zu starren.
Ich gehe hinaus in die warme Luft,
ein wenig gehen, ein wenig schauen,
und hier und da verharren.

Man nickt, man grüsst,
ich gehe auf sie zu,
das Wort freundlich an sie zu richten,
doch hinter der Fassade ist es starr.
Wie Seifenblasen strömen,
viele Worte aus ihren Mündern,
Inhalt ist nicht zu sichten.

Nichts haben sie gesagt,
und doch schwoll das Plappern
so laut an wie ein Orkan,
ohne Inhalt, ohne Witz,
diese Wand aus lautem Schweigen,
sie widert mich so an.

Nehmen sie mich wahr?
Ich glaube, ich könnte auch
ein ganz anderer sein,
es wären die gleichen Worte,
von der Höhe der Wand des Schweigens,
prasseln sie auf mich ein.

Ich sage etwas allzu Böses,
die laute Schweigewand wird stumm,
wird gar betreten still.
Jetzt sehen sie MICH wirklich,
sind entsetzt, enttäuscht, blasiert und
fragen endlich was ich wirklich will.

Ich bleibe jedoch stumm,
und fresse mit meiner Stille,
ein Loch in die Mauer des lauten
Schweigens.
Dann bricht es heraus,
ich rezitiere ihnen ein Gedicht zum Denken,
zum Durchbrechen des dumpfen Reigens.

Wie ein schwarzes Loch,
saugt das Gedicht das plappern an,
ist von lautem Schweigen gleich so voll.
Ich kehre heim, allein,
und bin glücklich und unterhalt' mich,
mit meinen fünfzehn Zoll.

         Hamburg, 12.05.2004

Ostern

Frühling jauchzt,
durch bleiern schwere Wolken,
treibt die Trübheit
düst´ren Himmels jäh vorbei.
Noch neulich wagte ich
auf Frühling nicht zu hoffen,
doch ich hab Dich,
da ist mir Regen einerlei.

Dem jungen Schäfchen gleich,
das Ostern ist geboren,
ist meine Neugier auf das Leben
frisch erwacht,
davor noch fühlte ich mich arg
verloren,
jetzt hast Du Liebe, Hoffnung in
mein Herz gebracht.

Sehnsüchtig warte ich
auf deine Zeilen,
bin aufgeregt, und
voll von gutem Mut,
und lese Deine Zeilen,
fühl` Dich in den Gedanken
zu mir eilen, und spüre,
Du tust mir so gut!

So werfe ich mein Denken
aufs Papier für Dich,
es ist jetzt alles, was ich
Dir kann geben,
doch geb' ich's gern,
mit Freuden und mit Liebe,
und freue mich nun wieder
auf das Leben.

Du stehst im Geiste vor mir stets,
und die Gedanken,
ganz Dir gewidmet
wie mein ganzes Herz,
versuchen den Kontakt zu finden
und zu tasten,
um zu brücken,
lange Zeit mit Schmerz.

So weisst Du jetzt,
dass zärtlich ich Dich liebe,
das wir am Abend gleiche
Sterne seh' n,
dass ich erahne, fühle,
spüre trotz der Ferne,
wenn wir so Schrift für
Schrift zusammen geh'n.

Die Zeit ist lang,
da wir auf Freiheit harren,
und meine Sehnsucht

leg ich in die Zeilen hier,
ein frohes Warten aber kann mich
gar nicht schrecken,
danach, in naher Zukunft,
gibt´s ein WIR.

So lass uns reden, planen,
Träume schmieden,
auf das wir vorbereitet für
„gemeinsam leben,
uns kennen lernen, lachen
und auch streiten,
die Seele uns ertasten, uns
Vertrauen geben.

Wir Menschen sehnen uns
nach der Gerechtigkeit,
und was das ist,
das fühlen wir genau,
doch handeln müssen wir
nach den Gesetzen,
den Zwiespalt lebt
ein jeder schlecht,
und sei er noch so schlau.

Drum lass uns werfen
hinter uns die alten Lasten,
und frohen Mutes
unbelastet Zukunft seh' n,

denn Liebe kann
ganz feste Dämme schaffen,
auf denen wir des Lebens
Sintflut übersteh' n.

Das neue Jahr, der Frühling,
positives Denken,
das Grün, die Blumen,
jauchzendes Ergiessen,

die laue Luft, die Welt,
die uns zu Füssen liegen kann,

nimm meine Hand,
und lass gemeinsam uns geniessen.

SCHATTEN

Schatten im Spiegel,
Glanz in den Augen,
kein Blick
den die Kehrseite ergründen will

Schatten in deiner Seele,
Kälte auf der Haut.
du weisst die Augen
sehen dich ironisch an

Dein Sinnen ist Tod,
du glaubst die Seele verfault
dort wo einmal dein Stolz war
hat die Seele ein Leck.

Du hoffst zu sterben,
doch dein Herz schlägt noch,
und mit jedem Schlag läuft die Zeit,
die eh nicht reicht.

Schatten im Spiegel,
deine Blicke sind die Schatten,
und sie sehen was keiner mag
und doch kommen muss.

Beharrliche Gewissheit,
gnadenlose Erkenntnis,
und die Schatten sehen
dein weisses Gesicht.

Später wird man mir Recht geben,
aber dass kann euch nicht wirklich
helfen,
wenn die Stunde null der Wahrheit
das ganze Gesicht zeigt.

                                        Berleburg
                                       Uwe Schmidt
                                       07.08.2000

Schöner Morgen

Morgens den Tag beginnen,
wenn die Sonne herein blinzelt,
vorwitzig durchs Fenster,
den Wecker ohrfeigen
und IHR übers Haar streicheln.

Aus dem Bad kommen,
mit einem fröhlichen Lied
auf den frischen Lippen,
den Kaffeeduft schnuppern
und IHR zärtlich um die Hüften fassen.

Das Frühstücksei köpfen,
das glatzköpfige glatte,
und summend die Pfannkuchen rollen
bis die Marmelade kleckert
und IHRE lächelnden Augen sehen.

Den Tag besprechen der wieder,
so vollgestopft mit ungeliebter Arbeit.
Den Mantel überstreifen und
Sie in die Arme nehmen.
Zu einem langen Abschiedskuss.

Das Auto starten, das alte bockige,
das hustend und stotternd anspringt,
gegen das Radio batschen,
es spielt mein Lieblingslied.
Ich spüre lächelnd, dass SIE mir nachwinkt.

Der Tag ist schön, um mich
Verrückte,die im Verkehr sterben wollen.

Wonach jagen sie nur? Geld?
Ich werde es nie verstehen!
Aber ich freue mich auf den Abend,
mit IHR

>Uwe Schmidt
>Nieden
>November 2000

SEIN und HABEN

Mensch funktioniert wie eine Maschine
kaufen, HABEN,
arbeitet fleissig wie eine Biene,
kaufen, HABEN,

passt sich an und duckt
sich nieder, immer wieder
bis es weise ihn durchzuckt,
wofür schindest du die Glieder?

Kaufen HABEN,
Wofür hast du dich geduckt?

Blinzelst in das Neonlicht,
reisst nach der Zwölfstundenschicht,
deine Schutzmaske vom Gesicht,
und beschliesst: Ich will das nicht!

Will mich nicht damit begnügen,
diesen Menschen zu genügen,
Menschen tricksen, Menschen lügen,
Menschen fixen und betrügen,
alles nur für den Profit,
und für's HABEN macht man mit.

Menschen raffen, Menschen gieren,
wahre Unschuld liegt im SEIN,
will mich künftig engagieren,
wenn Menschen an der Seele frieren,
mit Kunst ist Mensch niemals allein.

Hamburg 09.08.2007

Strukturveränderung

Der Tod schmeckt faulig,
bei jedem Kuss,
und so schmecke ich,
dass sie bald gehen muss.

Sie stemmt sich entgegen,
mit aller Gewalt,
doch all ihr Trotzen,
findet keinen Halt.

Sie ist nur noch so wenig,
ich erkenne sie nicht,
der Tod grinst mich an,
aus ihrem Gesicht.

Sie hält mich fest,
mit bebender Hand,
der Schmerz nimmt ihr den,
sonst klaren Verstand.

Sie wimmert ganz leise
und hat Halluzinationen,
und sieht in mir,
nur ein böses Omen.

Dann ein Aufbäumen.
Ein letzter Schrei,
Der Tod bringt das Ende,
es ist vorbei.

Uwe Schmidt
Woldegk
31.01.2003

Verbrechen

Was ist ein Bankraub,
gegen das Eröffnen einer Bank?

Was ist ein Kaufhausdiebstahl,
gegen das Betreiben eines Kaufhauses?

Was ist die Bildung einer kriminellen Vereinigung,
gegen das begründen einer Börse?

Was ist ein Meuchelmord,
gegen das Aufstellen einer Armee?

Was ist eine Abtreibung,
gegen das Segnen von Kanonen?

Was ist Brunnenvergiftung,
gegen den Bau eines Atomkraftwerkes?

Was ist eine illegale Techno-Orgie,
gegen das Tosen von Schlachtenlärm?

Was ist schon der Tod,
gegen das Leben in Einsamkeit?

Was ist schon Schmerz,
gegen das Versagen von Liebe?

Was ist schon Gerechtigkeit,
wenn wir vom Recht geplagt werden?

Das Recht ist für die gemacht, die es nicht verstehen,
zum Nutzen derer, die es verstehen,

und die Richter sind so unbestechlich,
dass sie nichts annehmen,
nicht einmal Vernunft,
um für Gerechtigkeit einzutreten.

Hamburg, 15.08.2006
Ein Remake der bekannten Zeilen
Berthold Brechts,den ich sehr verehre
und dessen Schriften leider bis heute
aktuell geblieben sind.

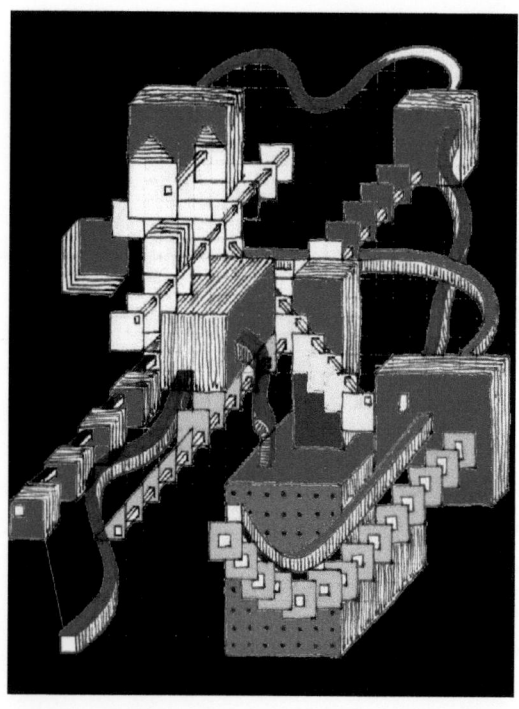

Verlust

Ich hatte 'ne Frau
sie war mein Freund,
sie ist gegangen,
der Himmel weint

Ich hab ein Mädchen
das wie meine Liebe spricht,
sie hat ein Herz
das mit mir gemeinsam bricht.

Ich hab''nen Jungen
er ist mein Stolz,
er ist wie Nätchen
aus dem selben Holz.

Wir war'n 'ne Familie
die zusammen hält,
uns vier zusammen,
gehörte die ganze Welt

Oh kleine Frau
kannst Du nicht verzeih'n,
warum nur lässt Du uns
so lang allein.

Spürst Du nicht den Schmerz,
der unsere Seelen bricht,
warum hält Dein Stolz
so hart mit mir Gericht.

Komm doch zurück,
ich lieb Dich sehr,
brauch Deine Nähe
das ich Dich spür'.

Wir brauchen Dich alle,
wie die Blumen das Licht,
oder willst Du wirklich,
das uns das Herze bricht?

> Als Liedtext zur Melodie
> „Ich hab das Meer, es ist mein Freund"
> Uwe Schmidt
> Hamburg
> September 1993"

**Von der Hoffnung und
dem verlorenen Echo**

Ein Gefühl hatte ich,
und ich glaubte,
wir liebten uns;

bis du mich überzeugtest.
das es nur das Echo war,
das von dir,
zurückgeworfen wurde.

Ich habe diese Liebe noch
aber nun nicht einmal mehr
das Echo von dir.

Also begann ich,
mit der Suche.

Ich wollte einen Menschen,
für meine Liebe finden.
Ein Mädchen oder eine Frau,
sollte es schon sein.

Nun begab ich mich
Auf die Reise, auf die Suche.

Ich war schon
unendlich lange
gelaufen.

Unterwegs hatte ich
viele getroffen
und immer wieder
das Echo meiner Liebe gehört.

Mein Herz tat mir schon
so schrecklich weh,
und es war auch sehr müde
und ich ging zurück,
hatte keine Heimat gefunden.

Ich weinte wohl oft,
und war traurig,
denn ich hatte mein Gefühl verloren,
auf dieser langen Reise.

Der Weg zurück
machte mich noch trauriger
Und manchmal spürte ich,
mein Herz nicht mehr,
in den Gemäuern,
in denen ich hauste.

Aber ich gebe nicht auf
zu suchen, für mein Herz,
für meine Liebe.
Und es wird einst,
ein schöner Tag sein,
wenn ich mehr
als mein Echo finde.

                                                              Trier
                                           Herbst 1999

**Von den Tropfen und
ihren kleinen Wellen**

Wie ein Tropfen dort
hinaus geboren,
in des Lebens grossen,
dunklen Teich,
hin und her getrieben,
bist des Lebens Laich,
treibst herum,
nur in dich selbst verloren.
Bist allein!

Und so schaukelst du,
für dich verlassen,
merkst nicht wie ein jeder
um das Leben ringt.
Sieh, die kleinen Ringe,
die dein Ego schon vollbringt
überspült von andren Wellen,
lernst sie hassen.
Nicht allein?

Grosse Leute machen
immer grosse Wellen,
werfen starke Ringe,
die dich hüpfend machen,
über diesen kleinen,
süssen Tollpatsch lachen,
hörst ihre Dummheit dir
durch deine Ohren gellen.
Nicht allein!

Dein Teich, der Schmach
und Schutz gewesen,
Regen peitscht und
Sturm lässt quellend fluten,
tief verbiegen sich
im wilden Wind die Ruten
suchst im Ungemach
die Zukunft dir zu lesen

Kindheit gewesen!

Der Orkan spült dich
hinaus ins Leben,
in den Fluss mit Strömen,
Strudeln und des Wehrs Gebraus,
Du willst dem Leben
deine kleinen Wellen geben,
Endlich frei !
Aus Teiches Enge raus.

So viele!

Zart und fest umschwingen
dich die Kreise,
leise schaukelst du
und weist nicht wie.
Nur die Hoffnung,
im Traum bitten, das ist sie,
unverhofft und sanft
und zart und leise.

Hoffnung?

Wenn die kleinen Wellen
sich im Gleichklang wiegen,

ohne Angst, in Liebe
nur der Traum,
wird ein Ganzes, Grosses,
wird gemeinsames Verlangen;
zusammen können sie
den grossen Fluss besiegen.

Hoffnung!

So strahlt Zukunft in
ein unbekanntes Land,
über Zorn, Gewissen, Neid hinaus
in neue Welten,
losgelöst die Grenzen
liebend überschreiten,
durch den Sturm hingehen,
Hand in Hand,

Ja!

Dieses Abenteuer Liebe
nochmal heftig leben,
nicht im Strom ganz klein
als Tropfen untergeh'n,
stürmisch Liebe nehmen
und auch geben, man kann Meer,
kann Mündung, Tod schon seh' n.

Nachsatz: Lerne glücklicher zu werden,
         Lerne es mit Liebesfreud,
         diese kurze Zeit auf Erden,
         nutzen - vor der Ewigkeit!

Hamburg
24.04.2005

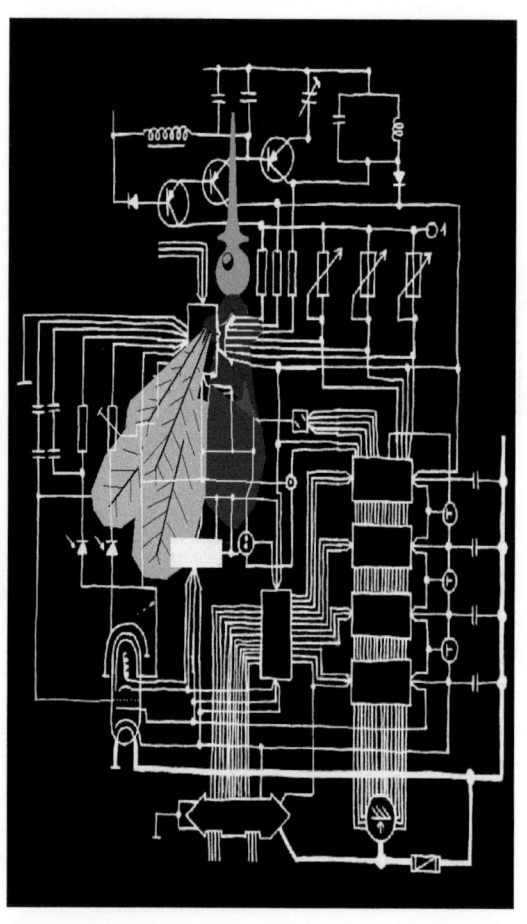

Was willst du mehr?

Du hast zu Essen, du hast zu Trinken,
du hast Kleidung und ein warmes Loch,
kannst abends in dein Bette sinken,
was, böser Mensch, was willst du noch?

Wer hat nur wem gesagt,
man kriege bessere Leut´,
wenn man sie einsperrt,
wie in einen engen Stall?

Hat jemals jemand
hier sein Tun bereut,
gefangen in der
eigenen Werte Widerhall?

Zur Änderung bedarf es Liebe!
Verbitterung heilt das Gespräch!
Umarmungen, Geduld - nicht Hiebe,
bringt Änderung - aber gemäch!

Wenn draussen Lüge nur
zum Ziel dich bringt,
und die dich strafen,
sind ihr selbst verfallen,

sich gar Intrige sich
bald aufwärts schwingt,
kann der Moral Ruf drinnen
nur verhallen.

Gerechtigkeit ist lang getreten,
mit Stiefeln in
des staatlich staubigen Grund.

Und selbst wenn die Religionen beten,
dann glauben sie nicht wirklich
ihrem eignen Lügenmund.

So ist Moral verrottet zur Juristerei,
Gerechtigkeit so irreal wie Gott,
wir existieren nur
in diesem täglich' Einerlei,
die Regeln dazu sind
verlogen und bigott.

Wer Geld hat, hat die Macht
und schafft die Regeln,
der Arme ist der Sklave,
und er fühlt das nicht.

Und lesen wir die Denker,
Nietzsche, Hegel,
dann wissen wir Gerechtigkeit
ist nicht Gericht.

Wollt ihr Gerechtigkeit,
macht Revolution,
um auf der Welt die Gleichheit
zu erlangen,

und stürzet alle Knechter
von ihr' m Thron,
dann brauchen eure Enkel
nicht mehr bangen.

Jagt sie von dannen,
die so ungerecht berauben,
denn keiner wird

durch ehrlich Arbeit reich!

Die Mächtigen,
die dir den Pfennig klauben,
beuten dich aus,
durch der Juristen Streich.

Freiheit - Gleichheit
und Brüderlichkeit,
ist einst der Ruf
erklungen!

Mit Blut und Mut
und Kraft und Einigkeit,
haben die Ahnen einst
Gerechtigkeit errungen.

Wir aber sind gefüttert heute,
träge, und ergeben uns
auf weichen Liegen.

Ins Armageddon
führen diese Wege,
weil wir im satten Trugbild Sicherheit
uns wiegen.

Hamburg. 12.07.2007

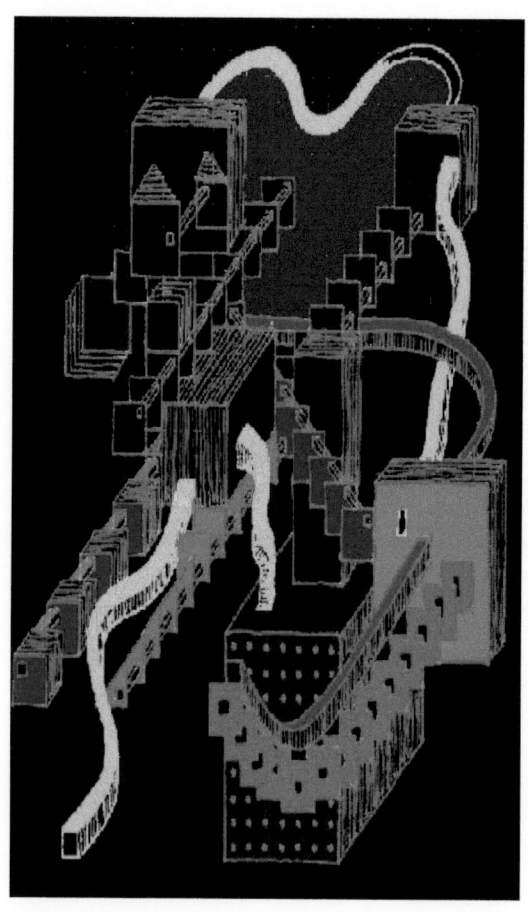

Zellenweihnacht

Es heult es braust, der Winterwind,
Schneeflocken fallen zur Erde.
Man merkt, es ist die kalte Zeit,
auf das morgen Weihnachten werde.

Es hämmert, wummert voller Kraft,
im C-Block Hans, auf Zelle sieben.
Es ist der heilige Abend heut',
er will zu seinen Lieben!

Man mahnt zur Ruhe, es ist spät,
er möge sich schlafen legen,
seine Frau und die Kinder empfangen
auch,ohne ihn den Weihnachtssegen!

Er hat' s nicht gerafft, hat krakeelt und getobt,
kam in die Beruhigungszelle.
Da hat er sich dann weggehängt,
Heilig Morgen, es wurd' gerade helle.

Vierhundert Euro, schwarz gefahren,
das Geld war durch die Finger geronnen.
Zwei Tage vor Weihnacht' wurd' er geschnappt,
Gerechtigkeit hat bitter gewonnen.

Hamburg
08.01.2005

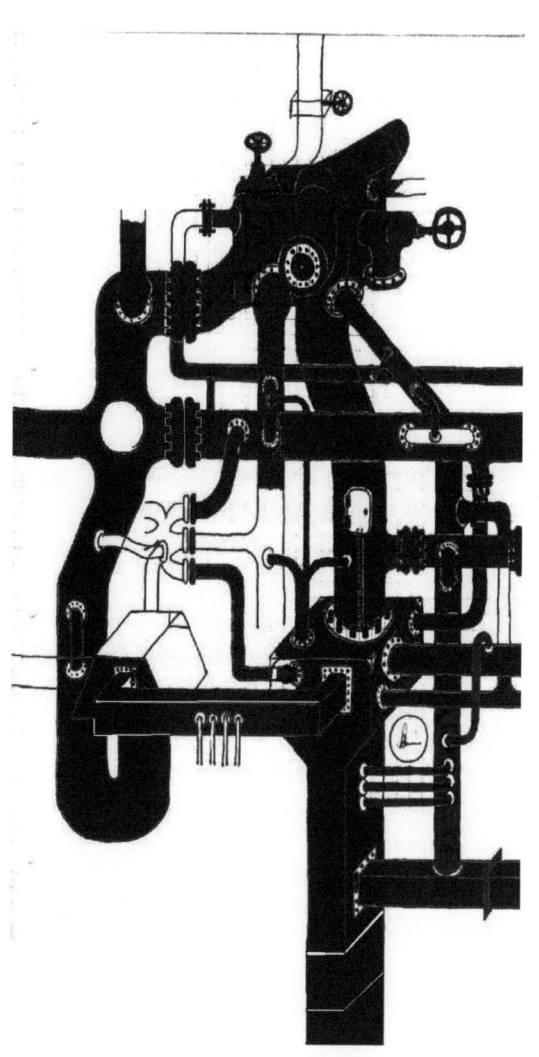

Heldenhaftigkeit

> Zeige mir den Genuss beim Verlust eines Auges,
> und ich zeige dir die Schönheit,
> und die Lust des Kriegers Tod.

Härte ist Macht,
ist Hartherzigkeit
Wenn Gewalt aber lacht,
sieht keiner das Leid.

Im klimatisierten Büro
ist's leicht sich an Schwäche zu weiden,
im Felde draussen aber,
müssen Unschuldige leiden.

Gewalt ist keine Lösung,
doch hat man etwas Intellekt,
erspart man das Leiden -
das der Mensch verreckt

Warum die stolzgeschwellte Brust?
Lieber einmal Verhandlungen verlieren,
lieber Verzicht auf Siegeslust,
als sich im Felde, im Krieg, die Seele
erfrieren,

oder amputiert,
die Brust mit Orden verzieren!

Hamburg
01.02.2008

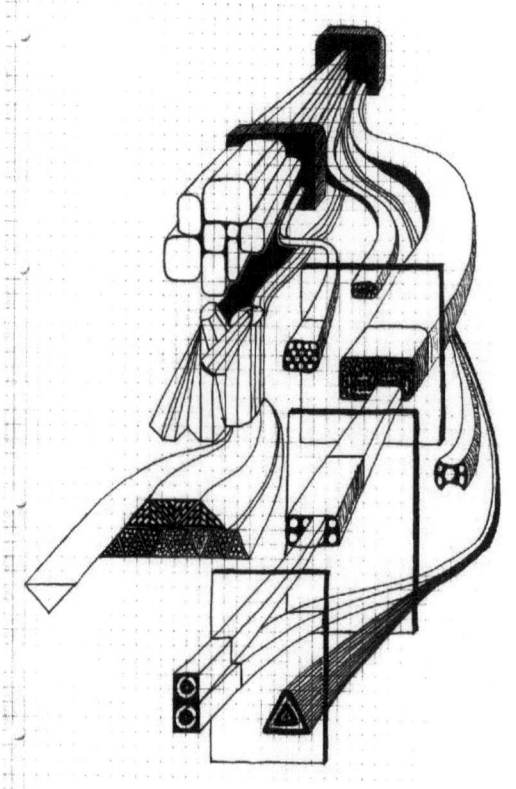

Heisse Nacht

Deiner Stimme lauschen,
mich an Dir berauschen,
wenn sich der Himmel verdunkelt,
und die Schar der Sterne funkelt.
In deinen Augen versinken,
vom Saft deiner Liebe trinken.

Den Glanz deiner gierigen Augen,
dein zärtlich festes Saugen,
deine heissen Küsse spüren,
wenn unsere Körper sich sanft berühren,
ein Gefühl, mir kocht das Blut,
deine Hände, sie tun sooo gut.

Auf meinem Bauch Deinen Atem spüren,
und unsere Lippen, die sich berühren,
deine Hände streicheln über mein Gesicht,
und der Weltenlauf wirkt kümmerlich;
in deinen Armen sich zu wiegen,
bringt Glück und innerlichen Frieden.

Wieder die Wärme deiner Haut erleben,
bringt erneut mich zum erbeben,
und egal, ob Tag, ob Nacht
ist der Eros mal erwacht,
wenn ich lieb', so lieb' ich ganz,
dann wird das Leben zum Freudentanz.

Hamburg, 17.04.2002

Hinter den Mauern

Der Wind pfeift um die Mauern,
und singt ein grässlich Lied,
und böse Träume lauern,
sie fordern ihren Sieg.

Die Lampen strahlen hell herein,
machen Schatten von den Gittern.
Dies kann die Wirklichkeit nicht sein,
Gerechtigkeit macht bitter.

Hier wartet man, UG es heisst,
auf höhere Gerechtigkeit,
doch wenn der Vorhof so aussieht,
dann weiss man was hier reift.

Angst, Wehmut, ungewisses Sein,
wie geht es nur den Kleinen?
Er liegt hier, wartet ganz allein,
das zehrt an den Gebeinen.

Von draussen ruft es, „Hallo Jan!?"
Die Frau hält ihm die Treue,
weil sie ihn zu selten sehen kann,
da hilft nicht seine Reue.

Die Arbeit ist schon weg,
die Freunde sind gegangen.
Alles für den gerechten Zweck?
Manch einer hat sich schon weg gehangen.

Natürlich gilt Gerechtigkeit,
wer bös' war, der soll zahlen!
Doch bis zum Richterspruch ist's weit,
wer rechnet an die Qualen?

Es stellt sich raus, er war nicht schuld,
das Leben ist geschunden.
Er kam dann frei, mit viel Geduld,
doch hat er 's nie verwunden.

Er fängt das Leben noch mal an,
die Existenz in Trümmern,
er leidet jetzt an Schmerz und Wahn,
Justizia verlacht das Wimmern.

Hamburg
08.01.2005

Hoffnung

Man verliert sich manchmal
in den Tiefen einer Frau
und findet sich
niemals, wieder.

Man geht dann durch die Welt
seiner selbst unsicher,
sicher nur
durch das Schweigen.

Manchmal in einer Kneipe
Whisky trinkend
und einen traurigen Blues
hörend,

kommt jemand näher,
der uns an die Frau erinnert,
in der wir uns
verloren haben.

Und Ihre Begleitung
macht uns einsamer
denn je.

Man trinkt seinen Whisky
und geht dann,
ohne das jemand verstünde
warum man lächelnd geht.

Wenn man wenigstens traurig wäre.
Wenn man leiden würde
zumindest,
Qualen in Liebe.

Man geht
durch die Hintertür
denn man fühlt sich
als großer Verlierer.

Wenn man sich in Wirklichkeit
nur verloren hat
in den verworrenen Tiefen
einer Frau

die nicht einmal
gegangen ist,
die man nur gehen ließ.
In Wirklichkeit
hat sie uns nicht verstanden.

Es gefällt uns
wenn wir gebeten werden
und nicht bitten müssen
um Nähe
und Wärme
und Sorge,
sondern man uns ruft.

Dies macht unsere Küsse
so wichtig
um zu vermeiden
dass einer Opfer
seiner Wirklichkeit wird.

Man ist so,
wenn man allein ist,
betrunken von sich
bis an den Rand.

Man braucht es, daß jemand,
einen wirklich braucht.

Und da Du mich nicht rufst,
damit ich komme,
so verlier´ ich mich,
in Deinen Tiefen,
die ich nicht kenne,
die Du nicht zeigst,
nicht zeigen kannst.

Es ist alles so verworren,
das ich manchmal mit Neid
an die einfachen Verliebten denke,
die durch Hände und Lippen vereint,
die schmerzende Einsamkeit der Körper
noch nicht kennen.

Man verliert sich manchmal
in den Tiefen einer Frau,
die dann geht,
und Verwirrung hinterlässt
und Angst und Hoffnung.

Denn man bleibt allein mit sich
für die Ewigkeit in dem Glauben
der große Verlierer zu sein,
der Whisky trinken muss
und sehr traurig sein muss
um die harte Aufgabe
zu erfüllen
zu leben.

Uwe Schmidt
Bad Doberan, Dezember 2000

Hunger

Du stürzt dich auf mich,
wie ein hungriges Tier,
doch ich spüre Deine Lust
gehört nicht mir.
Die Gedanken, die Augen,
auf einem anderen Stern,
nur dein Körper ist hier,
deine Seele ist fern, oder nur bei dir.

Noch nie hab ich als Mann
mich so benutzt gefühlt,
mein Gott hat mich das aufgewühlt.
Von einem Macho
bist du die weibliche Parodie,
schlechtes Verhalten von Männern,
wird mir bewusst wie nie,
meine Emotionen hast du abgekühlt.

Und doch Faszination,
was hat man dir angetan,
was treibt dich und
macht dich zum Egoman?
Welche Gefühle willst du mit
Arbeit vertuschen?
Warum soll jeder vor dir kuschen?
Dein Kontrollzwang wird zum Wahn.

Natürlich kannst du
niemals fertig werden,

nicht in diesem Leben,
nicht auf dieser Erden.
Nähmst du dir Zeit zum Denken,
müsstest du dich fühlen, dich fragen,
was kann in meiner Seele so wühlen?
Und dann würde alles anders werden.

Und die Neugier treibt mich
zurück zu dir,
obwohl ich weiss, es gibt kein
Glück, kein WIR.
Du willst dich nicht ändern,
findest dich o.k.,
und ich kann nicht helfen,
so wie ich es seh'.
Es tut weh, ich weiss, dass ich
dich verlier'.

Denn ich kann nicht so leben,
fühl mich wie bestellt,
du lebst in einer kargen,
von Geld bestimmten Welt.
Ich brauche die Liebe,
die man mir gibt,
ich glaubte Dir, und war verliebt,
glaubte auch ich hätte dein Leben
erhellt.

Du stehst am Abgrund und saust ins Tal,
dir zuzuschauen bereitet mir Qual.

Und da du nicht willst, dass man dich hält,
so bleibe getrost in deiner bitteren Welt,
es ist deine Wahl.

Aber wenn du es zulässt, irgendwann,
und kommst in deiner Seele an.
Und fühlst dich wieder,
und kannst dich lieben,
will ich dich gerne
in meinen Armen wiegen,
dann wäre ich gerne auch dein Mann.

Hamburg, 24.12.2003
Für eine Mecklenburger
Freundin geschrieben,die versucht ihre Enttäuschungen
mittels Geld. Macht und Besitz *zu* kompensieren und
dabei immer depressiver wird,
ohne es zu merken.

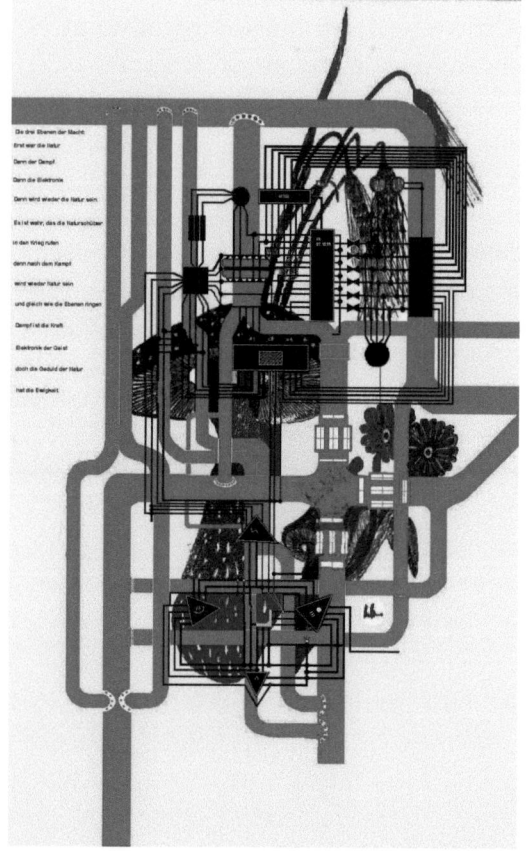

Ich trage Dich

Da sich der Himmel dunkelt,
so mancher Irrstern funkelt,
manch Wandrer sich verirrt,
viel Seele sich verwirrt,
Du bleibe unbeirrt !

Da sich die Sonne trübet
manch Herz schweigt das geliebet
von Ängsten arg umschwirrt,
durch Worte oft verwirrt,
Du bleibe unbeirrt !

Vorbei an allem Grauen
vorbei an dunklen Auen,
ganz gleich wer uns verwirrt,
ich trage Dich unbeirrt
wenn Deine Liebe führt.

Uwe Schmidt
Hamburg
November 2000

Innerer Frieden

Mit euren Leibern
düngt die Erde,
auf dass das Neue
kommen werde.

Mit eurem Blut,
da düngt das Land,
und gebt's euren Kindern
an die Hand.

Mit euren Knochen
pflügt die Krume,
damit euren Kindern
wächst die Blume.

Mit eurem Fleische
nährt die Natur,
schenkt euren Nachfahren
grüne Flur.

Und lehrt sie das Alte
in Ehren halten,
das Neue daneben
kraftvoll zu gestalten.

Wer das Gewesene
in Ehren erhält,
baut auf starken Gründen
die neue Welt.

Mit eurem Geist
schafft neue Gedanken,
damit eure Kinder

sprengen die Schranken.

Mit eurem Witz
bringt alle zum Lachen,
damit eure Kinder
das Leben gern machen.

Und mit Bescheidenheit
bringt das Leben ins Lot,
du hast alles bestellt,
ein friedlicher Tod.

Schloss bröllin
05.06.2002

Bisher erschienene Titel des Autors:

„Einige Fussel aus meinem Leichentuch"

Autobiographische Kurzgeschichten und Essays

Rezension: Dieses Buch habe ich - obwohl ich nicht gerne lese – verschlungen.
Die Geschichten sind meist kurz genug, um schnell mal eine zu lesen. Und sie entspannen einen. Die Geschichten sind aus dem Leben gegriffen: Mal zum Nachdenken, mal zum Lachen.
Die Sprache ist einfach, aber nicht eintönig. Man kommt schnell rein in jede Geschichte und kann sich gut in den Erzähler und die Situation hinein versetzen. Es sind vor allem Geschichten der Zwischenmenschlichkeit, aber nicht der unbedingt gewöhnlichen oder einfachen.
Es macht einfach Freude, dieses Buch zu lesen - oder auch vorzulesen, wie ich kürzlich feststellte.

ISBN 978 373 228 4245

„Mehr Fussel aus meinem Leichentuch"

Autobiographische Kurzgeschichten und Essays

Rezension 1: Dieses Buch habe ich genossen! Absolut lesenswert und ein Muss als Urlaubslektüre, wenn man mehr als Trivialität erleben möchte.

Rezension 2: Konnte das Buch nicht mehr aus der Hand legen, habe gelacht, war nachdenklich und habe geträumt.....
Besonders haben mir die Bilder gefallen, die zwar nicht immer zu der Story passten, aber immer beeindruckend waren.

Rezension 3: Bin wieder begeistert, wie vom ersten Band. Besonders das Goggomobil und gestrandet sind wunderbare Geschichten. Muss man gelesen haben. Ich freue mich auf Band III

ISBN 978 373 229 0215

„Noch mehr Fussel aus meinem Leichentuch"

Autobiographische Kurzgeschichten und Essays

Rezension: Ein wunderbares Buch mit Kurzgeschichten und Essays. Nicht immer politisch korrekt aber gerade deshalb lesenswert. Autobiographisches zum Schmunzeln, gesellschaftspolitisches zum Nachdenken, alles in kleinen Häppchen. Ideal für die Badewanne, in der Bahn oder vor dem Einschlafen. ich habe gleich 5 weitere Bücher zum verschenken bestellt und werde mir nun auch die, leider etwas teureren, Bände I+II besorgen. Sehr zu empfehlen.

ISBN 978 373 229 9386

„SUIZID I"

Einige mehr oder weniger erotische

Gedichte und Balladen.

Erschienen am 05.05.2015

Noch nicht rezensiert.

ISBN 978 373 479 1918

„ES - die endlose Existenz" ES Band 1

Eine quantenphilosophische Erkenntnistheorie über die Existenz nach dem biologischen Tod, vor allem aber, wie das Leben auch in schweren Stunden mit dieser Erkenntnis besser zu meistern ist.

Rezension 1: Dieses Buch hat es in sich. Der Autor versucht, etwas Unvorstellbares plastisch darzustellen. Dies ist ihm gelungen, ob man nun überzeugt wird, oder nicht. Teilweise etwas schwierig zu lesen, daher nur 4 Sterne. Ansonsten aber durchaus lesenswert!

Rezension 2: ... und dieses Buch hat dann gezeigt, dass ich recht hatte, aber es zeigt mir auch, wie ich mich von meinen Ängsten lösen kann und der Endlichkeit entgegentreten. Wow - dieses Buch hat mein Leben positiv verändert.

ISBN 978 373 573 9308

Demnächst erscheinen:

Suizid III und Suizid IV

sowie einige erotische Geschichten-Sammlungen.

Alle Kommunikationsadressen zum Autoren UweSchmidt:

Meine Künstlerseite:
www.Lexikon-der-Parallelwelten

E-Mail Adressen:

Allgemeine Nachrichten:

filosof@gmx.net

Friedensarbeit:

Friedensini.HH-Bramfeld@web.de

Friedensini.Bramfeld@t-online.de

Malerei:

UweSchmidtArt@gmx.de

Schriftstellerei / Lyrik:

UweSchmidtAutor@alice.de

Philosophie / Soziologie:

filosof-uwe@freenet.de

Politische Texte + Ideen:

pamphlet_poet@yahoo.de

Private Kontakte:

filosof@gmx.net

LISSCUS@web.de

Lieferanschrift: Uwe Schmidt
                          Bramfelder
                          Chaussee 252
                          22177 Hamburg

Postanschrift: Uwe Schmidt
                          Postfach 71 01 29
                          22161 Hamburg

T Telefon: 040 – 432 66 187
F Fax: 040 – 432 66 188
H Handy: 0177 – 649 35 57